ÉTUDE MORALE

SUR

A.-F. OZANAM,

PAR

M. Edmond CONTAL,

ÉTUDIANT EN DROIT.

> Chiamavi il cielo, e intorno vi si gira
> Mostrandovi le sue bellezze eterne.
> Le Ciel vous appelle et tourne autour de
> vous, vous montrant ses éternelles
> beautés.
>
> (Dante, *Del Purgatorio*, ch. XIV.)

NANCY,

VAGNER, IMPRIMEUR — LIBRAIRE — ÉDITEUR,

RUE DU MANÉGE, 3.

1866.

ÉTUDE MORALE SUR A.-F. OZANAM.

« Penser en lisant un vrai livre, a dit un grand orateur contemporain, le prendre, le poser sur la table, s'enivrer de son parfum, en aspirer la substance, c'est pour toutes les âmes initiées aux jouissances de l'esprit, une naïve et pure volupté. Le temps coule dans ces charmants entretiens de la pensée avec une pensée supérieure, les larmes viennent aux yeux, on remercie Dieu qui a été assez puissant et assez bon pour donner aux rapides effusions de l'esprit la durée de l'airain et la vie de la vérité (1). »

Qu'on comprend bien ce que signifient ces paroles, en lisant Frédéric Ozanam ! Comme à mesure qu'on le connaît davantage, et qu'on pénètre plus avant dans sa belle âme on est ému et rempli d'une douce joie !

Si parfois l'étude en est longue et difficile, on est dédommagé pleinement, quand, arrivé au bout de sa course, on a pu, comme le glaneur qui cherche les épis tombés, recueillir une ample gerbe.

Je voudrais avoir son cœur pour parler dignement de lui et le faire aimer. Qu'on me pardonne donc si, ne l'ayant qu'imparfaitement compris, j'en fais une esquisse infidèle.

Pour peu qu'on l'étudie, on est frappé tout d'abord de cette

(1) Lacordaire, *Oraison funèbre du général Drouot.*

soif de la science et de la vérité, de cette érudition vaste et profonde, de ce zèle infatigable qui le soutient dans ses travaux les plus pénibles, et qui, l'animant et l'échauffant au contact des grandes idées, semble, selon la parole d'un ami, le presser de vivre ; de cette attraction invincible à ces convictions catholiques qui font le savant modeste et consciencieux, de cette bienveillance qui attache fortement les cœurs, de cette douceur, de cette justice envers l'erreur qui lui ont mérité les faveurs d'une sincère popularité, et ont fait qu'il est resté seul parmi d'autres célèbres à bien des titres comme le type du désintéressement et des grandes vertus. Il fut profondément regretté parce qu'il avait été grandement apprécié et parce que la mort, qui est toujours une triste chose, vint soudain le frapper, quand, jeune encore, il avait à peine commencé sa mission.

Dans la force de son talent, il était prêt à déployer toute son ardeur au service de la vérité et des lettres; de nombreux matériaux étaient amassés, quand il a disparu ; mais j'emprunte ici les paroles qu'il adressait lui-même à M. Ballanche (1), en faisant son éloge : « Son œuvre reste encore
» comme l'*Enéïde,* la *Somme de saint Thomas,* comme tant de
» belles Cathédrales commencées, comme tant de belles œu-
» vres divines que le Ciel n'a pas laissé être jusqu'au bout,
» mais qu'il a assez montrées à la terre, pour lui servir de mo-
» dèles. »

Ostendent terris fata, nec ultrà esse sinent.

Seulement on ne peut dire d'Ozanam comme de M. Ballanche qui chercha trop haut son idéal et par là même se trouva dans l'impossibilité de le réaliser; Ozanam dut s'arrêter, lui, sous le coup imprévu de la mort, quand il avait tout ce qu'il fallait pour achever heureusement ce qu'il avait si bien commencé. Nous n'avons de lui que des œuvres incomplètes, et les anneaux bri-

____

(1) *Mélanges* (vol. 2ᵉ, tome 8ᶜ des *OEuvres complètes*), page 91.

sés d'une longue chaîne. D'un vaste projet d'histoire de la civilisation aux temps barbares, il ne reste que des fragments, épars çà et là, jetant sur les points traités une vive lumière. Mais un grand intérêt s'attache à cette œuvre incomplète et inachevée : il semble en effet que, pressentant sa fin prochaine, Ozanam ait voulu lier entre elles les parties détachées de cette grande œuvre et laisser à ceux qui viendraient après lui le pouvoir de la compléter ; aussi ne peut-on trop déplorer qu'il soit mort si jeune, quand en lisant la lettre qu'il adresse à M. Foisset, pour lui demander d'être le parrain de ses *Germains*, et ce magnifique discours sur le progrès dans les siècles de décadence qui précède sa *Civilisation au Ve siècle*, on peut saisir tout l'ensemble, et admirer les vues grandioses de l'édifice qu'il élevait, dans le silence des longues veilles.

Je voudrais chercher dans un aperçu général de l'époque pendant laquelle il arriva à Paris, dans son caractère, et dans un concours de circonstances favorables, chercher, dis-je, la cause de son influence, celle de sa supériorité de vues et d'idées, celle enfin de cette éloquence qui, de la première à la dernière des pages qu'il a écrites, se laisse si vite apercevoir, et se sent si vivement. J'aurais fait avec plaisir l'analyse de ses œuvres, en m'appliquant surtout aux plus importantes, mais outre que cette étude m'eût entraîné trop loin, je me serais écarté de ma route, puisque j'envisage surtout Ozanam, en tant qu'homme et non en tant que littérateur et historien. Je parlerai quelquefois de ses *Mélanges*, car là encore c'est lui qu'on sent vivre, et qu'il est doux de suivre dans des sentiers moins élevés et partant plus accessibles.

Quant à ses *Lettres* qui ont tout récemment paru, j'ai cherché à m'en inspirer aussi pour saisir Ozanam sur le fait, et pouvoir plus facilement à l'aide de ces pensées, sorties spontanément de sa plume, apprécier le but constant de ses efforts et de sa vie. Dans les mémoires sérieux, en effet, comme l'a si bien dit M. J.-J. Ampère : « La sagesse, les jugements de celui » qui les écrit se développent avec réflexion, mais lui s'y fait » voir tel qu'il le veut ; les lettres, au contraire, prennent » l'homme sur le fait, à l'improviste, et nous répètent à l'heure » même jusqu'aux battements de son cœur. »

Né à Milan de parents français, il était venu dès sa plus tendre enfance habiter Lyon, emportant de l'Italie les caractères qu'elle sait imprimer à ses enfants, de grands sentiments poétiques, et l'amour des arts. Il y retourna plusieurs fois dans sa courte existence, au moment de composer ses ouvrages les plus importants et ce fut là qu'il traîna si tristement les derniers jours de sa vie, et qu'il dit adieu dans cette ville de Pise et près du Campo-Santo aux lettres qu'il avait tant aimées. « Je tiens toujours par le fond du cœur à ma pauvre Italie, s'écriait-il, et toutes les merveilles de la Bretagne ne me la peuvent faire oublier. »

Quand il quitta Lyon pour Paris à 18 ans, on était à la veille de 1830, et bientôt allait venir le jour où le trône serait avili, la religion proscrite, la sécurité publique menacée ; déjà le trouble était dans les cœurs ; la crainte de bouleversements prochains, de ruines imminentes, des aspirations vagues mêlées d'une tristesse profonde tourmentaient les esprits. Ce fut d'abord une fièvre d'espérance, et une confiance sans bornes pour l'avenir de la société dans une révolution qui devait précipiter du trône le fils de nos vieux rois ; mais quand on veut bâtir sur ce sol brûlant, il est à craindre qu'on abatte sans réédifier, et bientôt vient le désespoir, puis le doute, ce froid glacial d'une âme qui languit et s'étiole, parce qu'elle a oublié, comme dit Bossuet, « que la vérité est une reine qui » a dans le Ciel son trône éternel et le siége de son empire » dans le sein de Dieu. »

A la négation de l'autorité religieuse allait bientôt répondre la négation de l'autorité sociale, et chacun dans son camp, les armes à la main, tous se préparaient au combat.

Eclairé par des études philosophiques élevées, Ozanam résista quelque temps ; mais lorsque l'orage éclata, se trouvant seul en face du scepticisme d'un monde si nouveau pour lui, il pensa un instant faiblir. Il se sentait mal à l'aise, et peut-être si ses convictions n'eussent été solides, il aurait été ébranlé et détourné de sa voie. C'est dans ses lettres à ses chers absents de Lyon qu'il laisse parler son cœur et apercevoir le fond de ses pensées. « Je n'ai pour épancher mon âme que vous ma mère, » que vous et le Bon Dieu, mais ces deux-là en valent bien d'au-

» tres (1). » Belle parole!à laquelle la simplicité et la confiance
filiale donnent je ne sais quoi de suave et de doux. C'était en
lui la nostalgie de la terre natale, parce qu'il était seul, loin
des douces joies de la famille ; la nostalgie du Ciel, parce
qu'il voyait disparaître une à une dans un épais et sombre
nuage les espérances de ses jeunes années. « Eh bien, me crois-
» tu heureux, oh non, je ne le suis pas (écrivait-il à un in-
» time ami, M. Ernest Falconnet), car il s'est fait chez moi un
» grand malaise, une solitude immense ; séparé de ceux que
» j'aimais, je sens chez moi je ne sais quoi d'enfantin, qui a
» besoin de vivre au foyer domestique, à l'ombre du père et de
» la mère, quelque chose d'une indicible délicatesse qui se
» flétrit à l'air de la capitale, et Paris me déplaît, parce qu'il
» n'y a point de vie, point de foi, point d'amour ; c'est comme
» un vaste cadavre, auquel je me suis attaché tout jeune et
» tout vivant, et dont la froideur me glace, et la corruption me
» tue (2). » C'est dans sa foi ardente, et son amour passionné
du travail, qu'Ozanam cherchait la distraction à ses tristes
pensées ; il employait tous ses instants à rechercher la vérité
pour laquelle plus tard il devait si vaillamment combattre.

Le droit, la littérature, l'histoire, la philosophie, l'étude du
sanscrit, des langues vivantes se partageaient ses journées, et
bien des fois les pâles reflets du jour naissant venaient le sur-
prendre dans son patient labeur.

Reprenant les idées de Volney, de Dupuys, de J.-J. Rous-
seau, les rationalistes élevaient bien haut la voix, et Jouffroy
enseignait que le fétichisme est le commencement des reli-
gions. Les chefs de la tradition chrétienne, de Bonald, de Cha-
teaubriand, de Lamennais, d'Erkstein, Ballanche, et de l'autre
côté du Rhin, Baader, Stolberg et Goerres tenaient ferme sur
la brèche et répondaient aux assaillants. Ozanam, en face des
deux doctrines, jugeait les principes, examinait les conséquences, et cherchait à faire jaillir la lumière. Admis dans la fami-

(1) Lettre IV, vol. 1er des *Lettres*, page 24, tome 10e des
OEuvres complètes.
(2) Lettre VIIe, vol. 1er des *Lettres*, page 37, tome 10e des
OEuvres complètes.

liarité de quelques-uns de ces grands hommes, dans l'intimité du mathématicien Ampère, du Père Lacordaire, il sentait son intelligence grandir, et sa raison s'appuyer sur la terre ferme de la certitude.

Il avait vingt ans. C'est ici que le publiciste et le chrétien vont apparaître pour la première fois. — Le publiciste — par une sérieuse étude : *Les réflexions sur les doctrines de Saint-Simon.* — Le chrétien — par cette grande pensée qui fonda la Société de saint Vincent de Paul. Publiciste, il écrira parce que « l'épée des temps modernes c'est le savoir. » Chrétien, il agira parce que les paroles ne suffisent pas, si l'on n'y joint les actes.

Aussi d'un côté quelle vigoureuse énergie ! quelle force de raisonnement, comme il attaque cette doctrine destructive, et qui voulait saper toutes les croyances ! « Voilà, dit-il, qu'un » nouvel adversaire est descendu dans la lice, une nouvelle doc- » trine réclame, à son tour, le sceptre de l'univers. Les disci- » ples de Saint-Simon le philosophe s'avancent pour annoncer » la chute du Dieu des chrétiens, et élever sur les débris de la » vieille croyance une religion nouvelle, puissante pour le » bonheur de l'humanité. Mais avant de croire à leurs paroles, » la raison les assigne à son tribunal ; elle est désireuse de sa- » voir quels sont les fiers envahisseurs de la société chré- » tienne, quelles armes ils apportent au combat, quel est en- » fin ce système hardi qu'ils proposent à la régénération du » genre humain (1). »

Armé de la philosophie de l'antiquité, et de l'Evangile, il va droit au but, et il frappe pour bâtir à son tour sur les ruines de l'édifice écroulé. Dans la partie historique, il étudie les ré- volutions religieuses successives, la mission du christianisme qu'il oppose au saint-simonisme ; dans la partie dogmatique, la nouvelle doctrine en elle-même ; il en examine les prin- cipes, en montre les conséquences funestes et conclut à la divinité du christianisme. Il faudrait s'arrêter à chacune de ces pages, où apparaissent une si grande facilité d'argumenta-

____

(1) *Mélanges*, vol. 1er, page 273, tome 7e des *OEuvres com- plètes.*

tion, une si grande maturité, qu'on croirait qu'il est en posses-
sion de sa raison toute entière, quand pour ainsi dire elle ne
fait que de naître.

De l'autre côté, quelle force de caractère ! quel sacrifice !
c'est le don entier de soi, qu'il oppose à ces théories sur l'é-
goïsme qui abaissent l'homme et qu'on voudrait ériger en
principe. Rien ne l'arrête, ni ce nombre si petit de huit, ni
ces mille difficultés qui attendent toujours une œuvre nais-
sante. Il met tout en activité ; et le talent que Dieu lui a
donné, et cette éloquence, et ce sympathique langage qui connaît le chemin des cœurs, et ce dévouement et cette charité,
qu'il doit aux inspirations d'une mère tendrement aimée. « On
» peut payer, dit-il, l'entrée des théâtres et des fêtes publi-
» ques, mais rien ne paiera jamais deux larmes de joie dans
» les yeux d'une pauvre mère, ni le serrement de main d'un
» honnête homme, qu'on met en mesure d'attendre le retour
» du travail. »

Energique réponse aux utopies philanthropiques et à ceux
qui pensent que l'aumône est une injure. Qu'ils disent si, du
haut de leur orgueilleux dédain pour le pauvre, ils ont jamais
senti ce qu'il y a dans ces larmes, et dans ce serrement de
main !!

Ici comme partout, Ozanam avait la conscience d'un devoir
qu'il devait remplir ; cette lutte de tous les instants le prépa-
rait. Tous les jours, quelques défenseurs disparaissaient de la
scène, ou bien leurs voix s'éteignaient glacées par la vieillesse.
Il sentait alors le vide immense qui se faisait et le péril de la
cause qui lui était si chère ; et quand le bruit confus des cla-
meurs de l'erreur et de l'impiété venait frapper ses oreilles,
il se prenait à dire : Où donc est celui qui prendra la place des
morts et continuera la défense des traditions du passé ? Mais
la voix intérieure ne parlait pas, il devait attendre longtemps
encore, avant d'être éclairé sur ce que la Providence voulait
de lui.

Les années s'étaient écoulées, et l'avaient entraîné dans leur
course rapide. Ses études de droit étaient terminées, il quit-
tait Paris et retournait à Lyon docteur en droit. Nous sommes
en 1836. Ozanam avait retrouvé la vie de famille et les amis de

son enfance, il allait donc vivre heureux, et respirer l'air de la
ville qu'il avait quittée avec tant de regret. Il le crut un instant ; vaine illusion, il lui fallait poursuivre sa destinée. Pouvait-il, du reste, abandonner les lettres quand jusqu'ici elles
avaient charmé sa vie, et quelquefois consolé ses tristesses ?
Pouvait-il laisser là le fruit de ses études sans ambitionner
du moins le titre qu'elles pouvaient lui faire espérer ?

Paris le revit donc, et en 1839 au titre de docteur en droit,
il ajoutait celui de docteur ès-lettres. Cependant il hésitait
toujours et une fois encore après ce triomphe, il s'éloigna des
lettres. Lyon lui offrait une chaire de droit commercial, il
céda, et une année se passa dans ces études nouvelles où, avec
la parole vivante du jeune homme, il apporta la science du
vieux jurisconsulte. Quelle hauteur de vues ! quelle grande
et noble idée de la science juridique, dans les notes qui
nous restent, et dans ce discours d'ouverture si remarqua-
ble !

Désormais il se voue tout entier au droit, auquel il pense
qu'il lui faudra consacrer sa vie ; il l'aime parce que pour lui
« le droit est la plus importante manifestation de l'activité
humaine ; » parce que c'est aussi « l'expression imparfaite,
mais toujours perfectible de la volonté divine, embrassant,
dans ses vues générales, la multiplicité infinie des faits indivi-
duels ; » parce que, selon la sublime pensée de Démosthènes,
« la loi est une conception de Dieu, entrevue par les sages,
réalisée ici-bas par l'assentiment commun de la société. »
C'est alors que s'ouvrit un concours d'agrégation à la Faculté
des lettres de Paris, grade nouveau dans l'Université. Le pro-
fesseur de droit commercial n'hésita plus, et bientôt il obtint
le premier rang du concours, étonnant ses juges, et faisant
dire à M. Cousin qui l'interrogeait : Ah ! M. Ozanam, on n'est
pas plus éloquent que cela !

L'année 1840 commençait. Il avait vingt-sept ans. C'est un
beau jour que celui-là où, gravissant pour la première fois les
degrés d'une chaire, on y monte sans l'ambition que donne
l'orgueil, sans le désir de s'y faire un nom par une parole
éloquente que ne fortifie pas la vérité, mais avec le désir d'ê-
tre utile à la cause qu'on va défendre. Alors on est grand, on

est illustre, et on laisse un nom que tous aiment à redire, une mémoire que tous se plaisent à honorer.

Tel fut Ozanam qui prononçait ces paroles: « Je ne poursuis pas la gloire qui ne se donne qu'au génie, je remplis un devoir de conscience, je promis à Dieu de vouer mes jours au service de la vérité qui me donnait la paix. »

Mais il est deux questions que vous avez dû vous poser, et que je vais examiner avant d'aller plus loin.

Où donc est le secret de cette popularité qui fait qu'aujourd'hui le nom d'Ozanam est sur toutes les bouches, et sa mémoire dans tous les cœurs? où est l'importance du rôle qu'il a joué?

Deux qualités surtout l'ont rendu populaire : sa douceur, et sa justice envers l'erreur; qualités inappréciables dans celui qui doit défendre la vérité, et dont la vie doit se passer au sein de la controverse et de la polémique.

Résister malgré l'ardeur d'une discussion qui entraîne, garder son sang-froid, sa liberté d'action, en face d'un adversaire que l'erreur aveugle, sans le blesser lui tendre la main, et s'ouvrir le chemin de son cœur, cela est difficile ; mais aussi il y a dans cette douceur une force cachée qui subjugue, et rapproche ceux que la colère ou la haine auraient éloignés. La douceur mène à la justice ; car à ceux-là seulement que ne conduit pas la passion, il est possible de voir dans une opinion erronée et contradictoire un point où rétablir l'harmonie et rattacher les anneaux de la chaîne brisée ; dans un adversaire, non un ennemi à outrager, mais un frère à guérir et à aimer. C'est au contact de ces pensées généreuses et chrétiennes qu'Ozanam s'est inspiré, aussi ne peut-on s'étonner de cette amitié que tous lui témoignent ; ceux qu'il attaque et qu'il combat, reconnaissent en lui un homme loyal que rien n'arrête quand il s'agit de dire la vérité, mais qui la dit toujours, avec réserve, avec ce tact exquis de délicatesse et de convenance qui sied si bien à la polémique, mais surtout à la polémique chrétienne. Les sympathies qu'on se plaisait à lui donner pendant sa vie s'augmentèrent encore à l'époque de sa mort, et aujourd'hui aussi, ceux qui l'ont connu, qui l'ont aimé, qui ont entendu sa voix et partagé ses travaux, disent, le visage contracté par la douleur : Pourquoi êtes-vous mort si jeune, regrettable Ozanam ?

Quant à l'importance du rôle qu'il a joué, elle se comprend parfaitement. Il fut le premier qui osa élever la voix, et qui dans les temps de troubles et d'angoisses protesta pour l'Eglise, le seul qui défendit les croyances attaquées, et qui cher-cha à ramener l'espérance dans les âmes ; le seul qui dans cette vieille Sorbonne, où avaient parlé tant de maîtres illustres, étu-dia à fond le Moyen-Age, réforma les vieux préjugés, et fit voir dans tout son jour ce qu'il a été et ce qu'il a produit ; le seul qui retint autour de sa chaire la jeunesse des Ecoles par son éloquence persuasive et son ton convaincu. « L'avenir est de-
» vant nous immense comme l'océan, disait-il ; hardis nauto-
» niers, naviguons dans la même barque et ramons ensemble ;
» au-dessus de nous la religion, brillante étoile qu'il nous est
» donné de suivre ; devant nous le sillage glorieux des grands
» hommes de notre patrie et de notre doctrine. »

Cette affection pour la jeunesse lui était commune avec le Père Lacordaire, qui la transmit lui-même à l'abbé Perreyve, mort trop jeune hélas ! pour les lettres et la religion. Il la garda jusqu'au bout, et un jour, la dernière fois qu'il parut à sa chaire, frappé à mort par une maladie cruelle, contre la-quelle ni les soins d'un frère, ni ceux des plus habiles méde-cins n'avaient rien pu, il laissa échapper ces paroles, de ses lèvres mourantes, aux applaudissements de tous : « Quant à
» moi, Messieurs, si je meurs, ce sera à votre service. » Toute sa pensée fut là : défendre historiquement l'Eglise, en mon-trant le rôle qu'elle a joué, l'influence bienfaisante qu'elle a eue sur le monde barbare pour le civiliser d'abord et plus tard le maintenir et le diriger dans sa route. En lisant ses ouvrages consciencieux, solides, pleins d'érudition, on verra si l'Eglise a jamais cherché à entretenir l'ignorance et à y trouver, comme on le disait naguère encore, un gage de sécurité.

Voilà Frédéric Ozanam, tant qu'il eut les forces et la vie ; vous l'avez vu, il n'a pas perdu son temps. Le voici : quand ses forces ont disparu, et que la vie peu à peu l'abandonne.

A vingt ans, il avait écrit ces lignes : « Nous ne sommes ici-bas
» que pour accomplir la volonté de la Providence. Cette vo-

» lonté s'accomplit jour par jour, et celui qui meurt laissant sa
» tâche inachevée, est aussi avancé aux yeux de la suprême
» justice que celui qui a le loisir de l'achever toute entière. »

Et à quarante, sous l'impression de ce mal secret qui le ron-
geait, et qui commençait à l'inquiéter, il ajoutait: « J'ai dit, au
» milieu de mes jours, j'irai aux portes de la mort. Seigneur,
» me laisserez-vous la douceur de vieillir auprès de ma femme,
» et d'achever l'éducation de mon enfant? Peut-être, mon Dieu,
» ne le voulez-vous point, vous n'acceptez point mes offrandes
» intéressées, vous rejetez mes holocaustes et mon sacrifice, il
» est écrit au commencement du livre que je dois faire votre
» volonté, et j'ai dit, je viens, Seigneur. »

On comprend toute la grandeur de ce sacrifice et la fermeté
de celui qui le fait. Et si parfois, quand les vieux souvenirs de
sa gloire viennent l'assaillir, on l'entend s'écrier : Ah ! pauvre
Sorbonne, pauvre Sorbonne, j'aimais tes murs et tes salles
enfumées, ce n'est pas la voix du désespoir, c'est la voix émue
de celui qui donne aux choses qu'il a aimées un dernier et
suprême adieu ; c'est la voix du poitrinaire qui descend les
degrés de la tombe gardant jusqu'à la fin son cœur et sa ten-
dresse affectueuse. Le jour vint que Dieu avait marqué, il
quitta l'Italie par un temps magnifique, et traversa une dernière fois cette Méditerranée qu'il ne devait plus revoir. Il
toucha aux côtes de Provence, remit sa femme aux mains de
sa famille et son âme à Dieu, le jour de la Nativité de 1853.

Et nous qui venons de contempler cette noble figure, rele-
vons la tête; là-haut, sont les grands hommes; là-haut, le devoir, la conscience, la vérité; là-haut, le repos après le combat,
le calme après l'orage. Illustre mort, vous êtes avec nous !
L'homme vit surtout de souvenirs et d'espérance ! Nous gar-
dons votre souvenir, et si jamais le découragement s'emparait
de nous, vous nous donneriez· l'espérance de nos vingt ans en
face de l'avenir ; vous nous animeriez, vous nous échaufferiez,
vous nous pousseriez en avant, vous affermiriez les pensées
sérieuses de notre âge mûr, et les dernières de notre vieillesse.
N'est-ce pas vous qui avez dit : L'Eglise est une société qui ne
se dissout pas par la mort, elle a une loi qui unit les âmes arri-
vées les premières dans le repos avec celles qui restent encore

dans la lutte, elle n'a sur la terre qu'un vestibule où elle se tient pour appeler les générations à mesure qu'elles passent ; c'est dans l'éternité qu'elle a son sanctuaire, où elle rassemble peu à peu tout ce qu'elle a recueilli ici-bas de plus grand, de plus pur et de meilleur. Un jour viendra où nous aussi nous quitterons cette terre, alors nous nous retrouverons dans le sein de Dieu :

O Passi graviora, dabit Deus his quoque finem.

NANCY. — IMPRIMERIE DE VAGNER, RUE DU MANÉGE, 3.